Creatie: Jan Maillard

Met medewerking van: Vera Gheysels, Walter Baele, Peter Kustermans, Hans Bourlon en Gert Verhulst.

ISBN: 978-94-6277-428-5/ WD/DL: D/2019/8069/62 / NUR:272

BUMBA

STUDIO 100

DE PARAPLU

Bumba, Bumbalu en hun vriendjes
luisteren naar de radio.
De weerman voorspelt regen,
en dat vindt Bumba niet leuk.

**Bumba wilde een wandeling maken,
maar zijn paraplu is stuk.**

Bumba vertrekt toch.
Eerst gaat hij winkelen...

Bumba koopt een splinternieuwe paraplu.

Laat de regen nu maar komen, denkt Bumba.

Maar als Bumba thuiskomt,
is het nog steeds mooi weer.
En Bumba wilde graag
zijn nieuwe paraplu tonen.
Bumbalu weet raad...

Als het niet regent, moet Bumbalu
de bloempjes water geven.
Wat een mooie paraplu!

DE WALVIS

Bumba en Bumbalu zijn aan zee.
Bumbalu heeft een bootje van papier gemaakt.

Ze gaan varen. Maar... het papieren bootje zinkt!

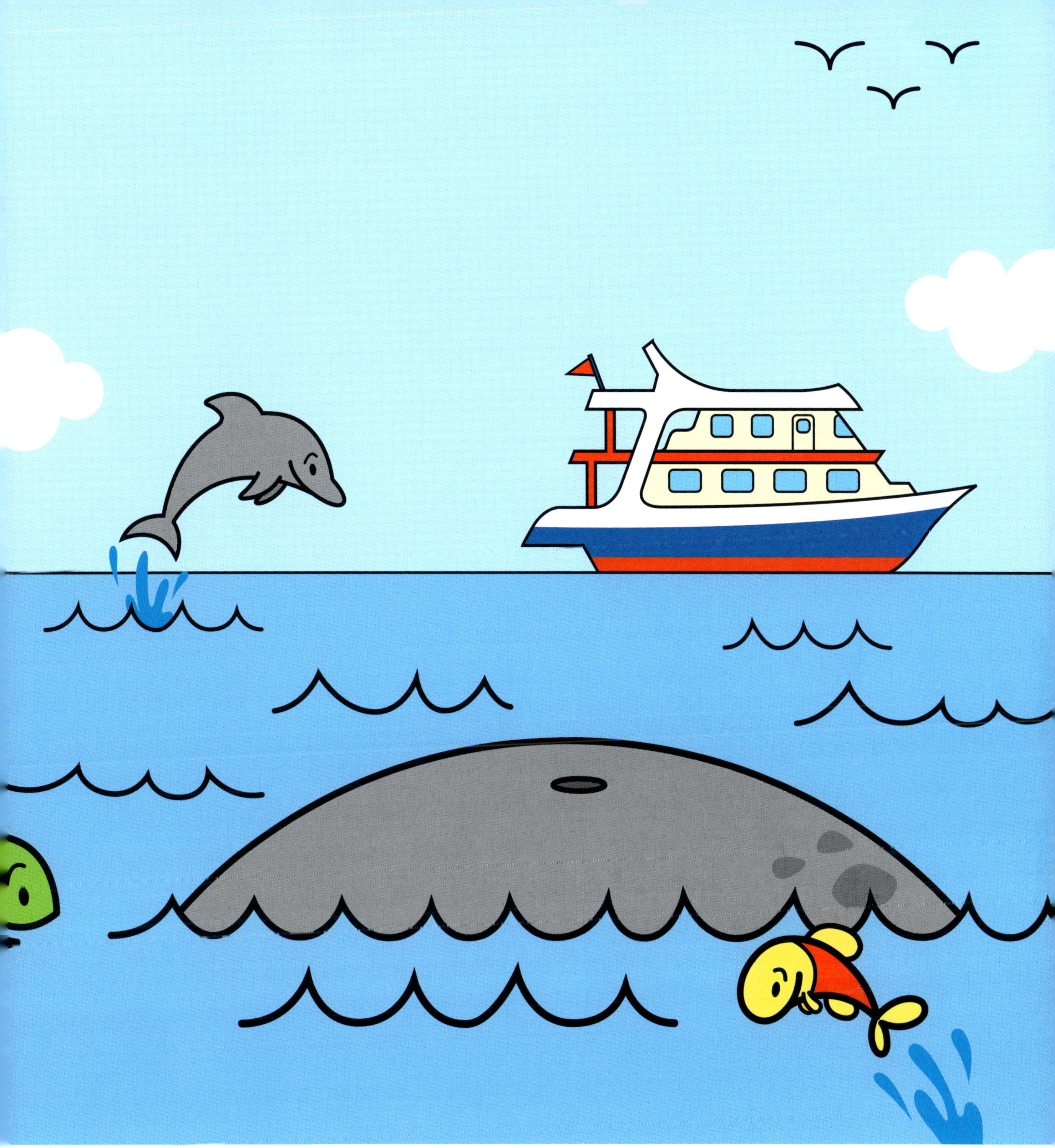

Kijk daar! Een eiland! Ze zijn gered!

Bumba en Bumbalu bereiken net op tijd
het piepkleine eilandje.

Plots spuit er een waterstraal omhoog.

En het eiland beweegt!

Haha, het eiland is geen eiland.
Ze zitten op de rug van een walvis!

De walvis brengt Bumba en Bumbalu naar het strand.

Bumba en Bumbalu hebben er een nieuw vriendje bij.
Dag lieve walvis!